HOMMAGE À GUY
BRUNO NEIVA

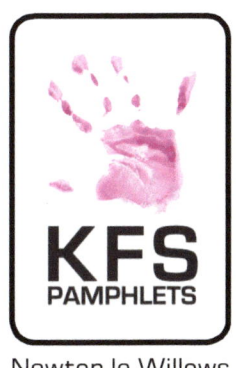

Newton-le-Willows

Published in the United Kingdom in 2018
by The Knives Forks And Spoons Press,
51 Pipit Avenue,
Newton-le-Willows,
Merseyside,
WA12 9RG.

ISBN 978-1-912211-25-8

Copyright © Bruno Neiva, 2018.

The right of Bruno Neiva to be identified as the author of this work has been asserted by him in accordance with the Copyrights, Designs and Patents Act of 1988. All rights reserved. No part of this publication may be reproduced, stored in a retrieval system, transmitted in any form or by any means, electronic, photocopying, recording or otherwise, without prior permission of the publisher.

First published in the UK by KFS in 2017.

ACKNOWLEDGEMENTS:

Hommage à Guy was installed in the Torrente Ballester Centre in Ferrol, Spain at the 24th Máximo Ramos International Award for Graphic Arts between June and September 2016.

Special thanks to Alec Newman, Bárbara Mesquita, Chris Turnbull, Paul Hawkins, Philip Davenport, SJ Fowler and Tom Jenks.

CONTENTS

PROBLÈMES PRÉLIMINAIRES — 4

MATIÈRE PREMIÈRE — 6

MOT — 8

L'EMPLOI DU TEMPS — 10

DÉRIVE — 12

DU JEU — 14

COMMENT? — 16

PARCE QUE... — 18

GÉNIE — 20

123 — 22

C'EST MOI — 24

CONTRE LA — 26

NE JAMAIS PAS PLUS — 28

NOUS/VOUS/PERSONNE — 30

IL — 32

LA BELLE VIE — 34

BRUNO NEIVA

PROBLÈMES PRÉLIMINAIRES
MATIÈRE PREMIÈRE
MOT
L'EMPLOI DU TEMPS
DÉRIVE
DU JEU
COMMENT?
PARCE QUE...
GÉNIE
123
C'EST MOI
CONTRE LA
NE JAMAIS PAS PLUS
NOUS/VOUS/PERSONNE
IL
LA BELLE VIE

HOMMAGE À GUY

Problèmes préliminaires

BRUNO NEIVA

PROBLÈMES PRÉLIMINAIRES
MATIÈRE PREMIÈRE
MOT
L'EMPLOI DU TEMPS
DÉRIVE
DU JEU
COMMENT?
PARCE QUE...
GÉNIE
123
C'EST MOI
CONTRE LA
NE JAMAIS PAS PLUS
NOUS/VOUS/PERSONNE
IL
LA BELLE VIE

HOMMAGE À GUY

BRUNO NEIVA

PROBLÈMES PRÉLIMINAIRES
MATIÈRE PREMIÈRE
MOT
L'EMPLOI DU TEMPS
DÉRIVE
DU JEU
COMMENT?
PARCE QUE...
GÉNIE
123
C'EST MOI
CONTRE LA
NE JAMAIS PAS PLUS
NOUS/VOUS/PERSONNE
IL
LA BELLE VIE

HOMMAGE À GUY

BRUNO NEIVA

PROBLÈMES PRÉLIMINAIRES
MATIÈRE PREMIÈRE
MOT
L'EMPLOI DU TEMPS
DÉRIVE
DU JEU
COMMENT?
PARCE QUE...
GÉNIE
123
C'EST MOI
CONTRE LA
NE JAMAIS PAS PLUS
NOUS/VOUS/PERSONNE
IL
LA BELLE VIE

HOMMAGE À GUY

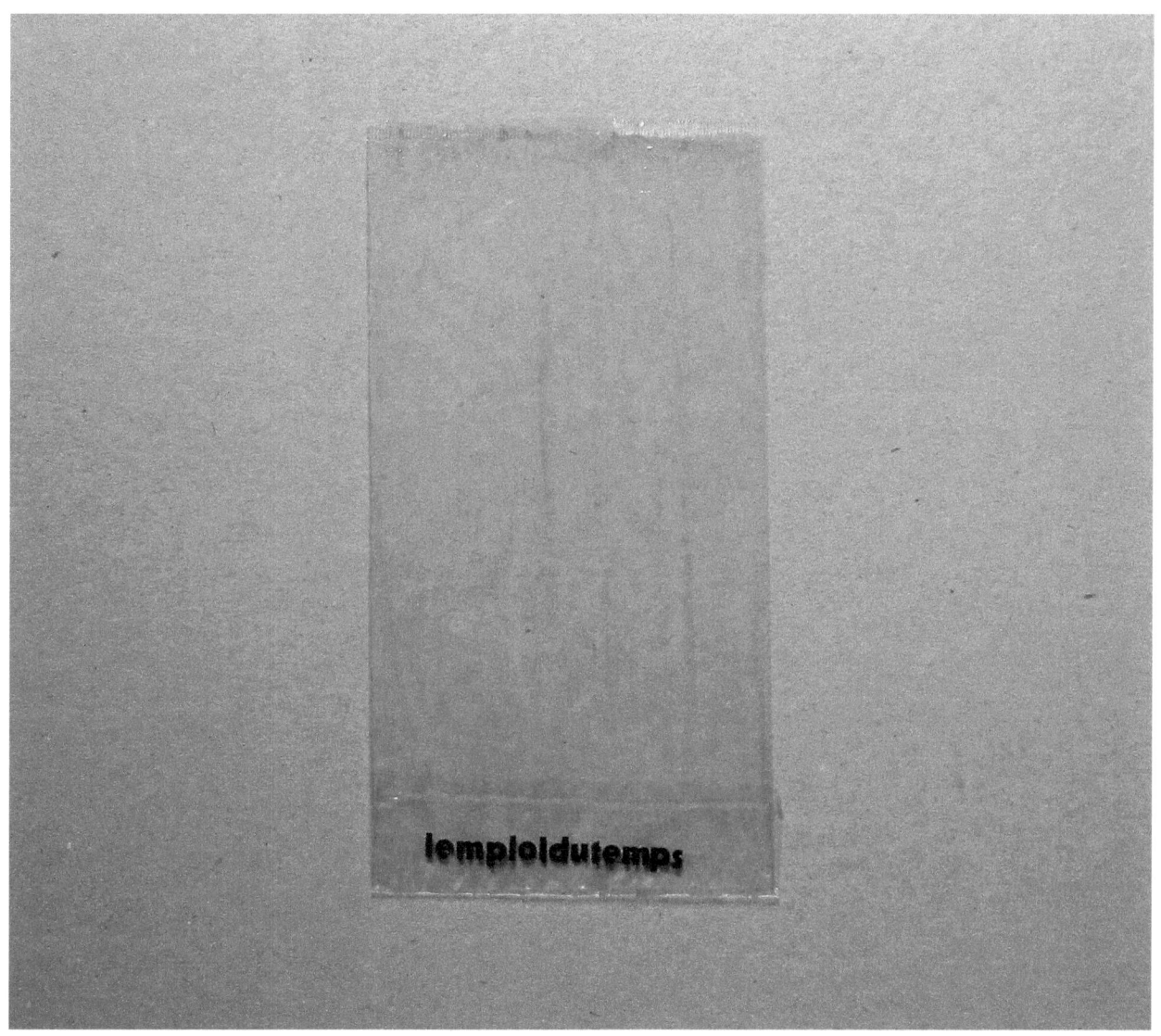

BRUNO NEIVA

PROBLÈMES PRÉLIMINAIRES
MATIÈRE PREMIÈRE
MOT
L'EMPLOI DU TEMPS
DÉRIVE
DU JEU
COMMENT?
PARCE QUE...
GÉNIE
123
C'EST MOI
CONTRE LA
NE JAMAIS PAS PLUS
NOUS/VOUS/PERSONNE
IL
LA BELLE VIE

HOMMAGE À GUY

BRUNO NEIVA

PROBLÈMES PRÉLIMINAIRES
MATIÈRE PREMIÈRE
MOT
L'EMPLOI DU TEMPS
DÉRIVE
DU JEU
COMMENT?
PARCE QUE...
GÉNIE
123
C'EST MOI
CONTRE LA
NE JAMAIS PAS PLUS
NOUS/VOUS/PERSONNE
IL
LA BELLE VIE

HOMMAGE À GUY

BRUNO NEIVA

PROBLÈMES PRÉLIMINAIRES
MATIÈRE PREMIÈRE
MOT
L'EMPLOI DU TEMPS
DÉRIVE
DU JEU
COMMENT?
PARCE QUE...
GÉNIE
123
C'EST MOI
CONTRE LA
NE JAMAIS PAS PLUS
NOUS/VOUS/PERSONNE
IL
LA BELLE VIE

HOMMAGE À GUY

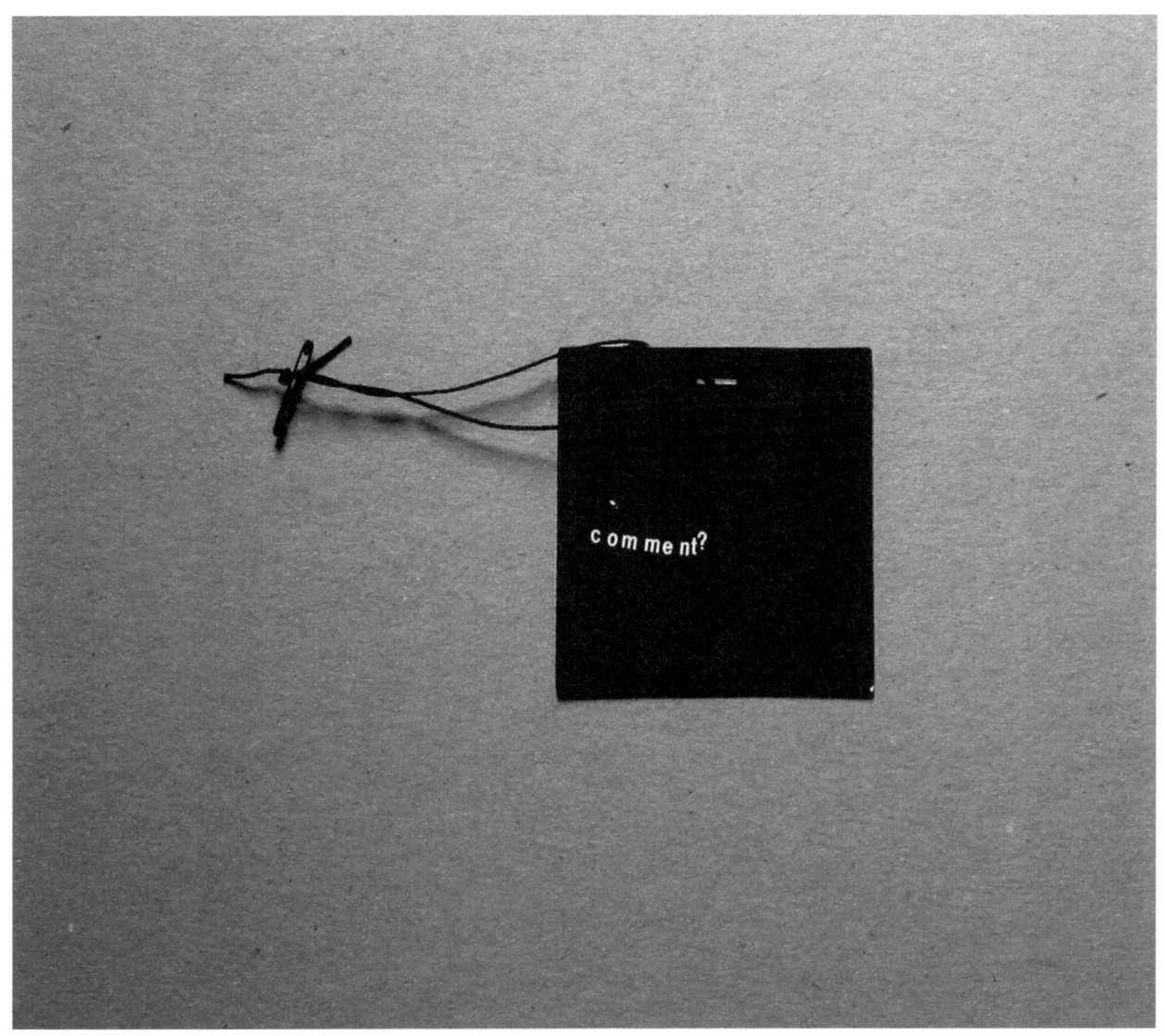

BRUNO NEIVA

PROBLÈMES PRÉLIMINAIRES
MATIÈRE PREMIÈRE
MOT
L'EMPLOI DU TEMPS
DÉRIVE
DU JEU
COMMENT?
PARCE QUE...
GÉNIE
123
C'EST MOI
CONTRE LA
NE JAMAIS PAS PLUS
NOUS/VOUS/PERSONNE
IL
LA BELLE VIE

HOMMAGE À GUY

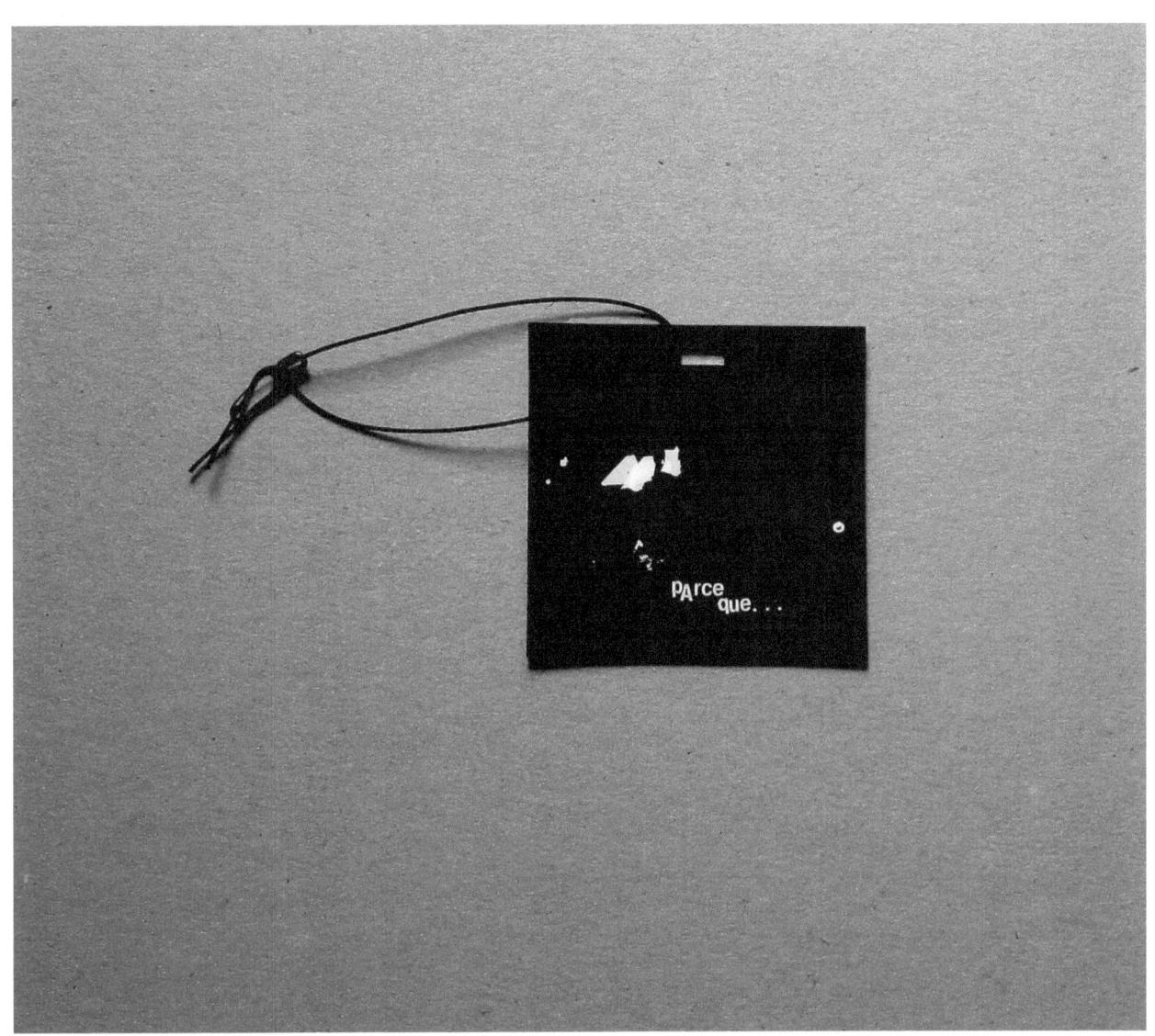

BRUNO NEIVA

PROBLÈMES PRÉLIMINAIRES
MATIÈRE PREMIÈRE
MOT
L'EMPLOI DU TEMPS
DÉRIVE
DU JEU
COMMENT?
PARCE QUE...
GÉNIE
123
C'EST MOI
CONTRE LA
NE JAMAIS PAS PLUS
NOUS/VOUS/PERSONNE
IL
LA BELLE VIE

HOMMAGE À GUY

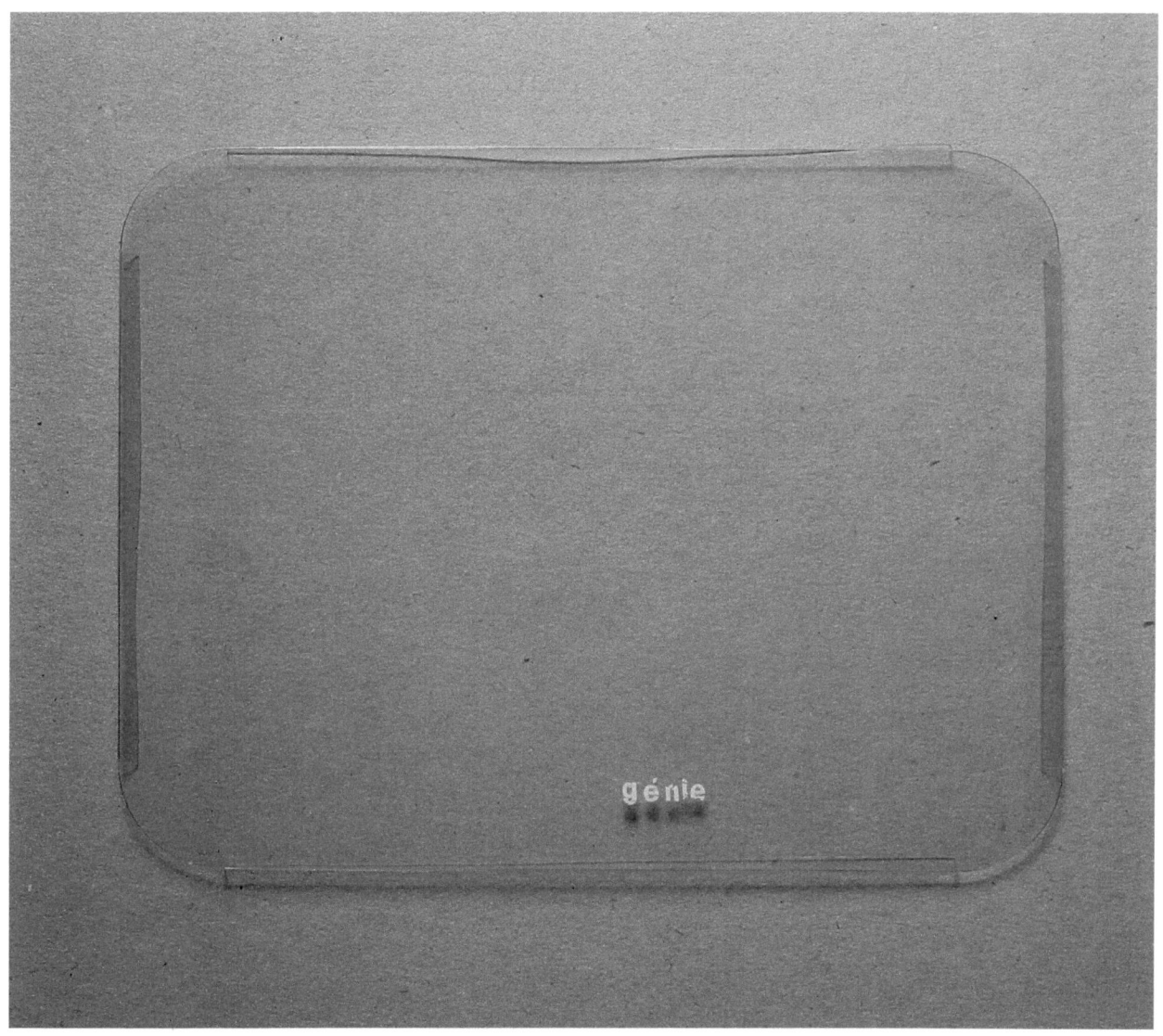

BRUNO NEIVA

PROBLÈMES PRÉLIMINAIRES
MATIÈRE PREMIÈRE
MOT
L'EMPLOI DU TEMPS
DÉRIVE
DU JEU
COMMENT?
PARCE QUE...
GÉNIE
123
C'EST MOI
CONTRE LA
NE JAMAIS PAS PLUS
NOUS/VOUS/PERSONNE
IL
LA BELLE VIE

HOMMAGE À GUY

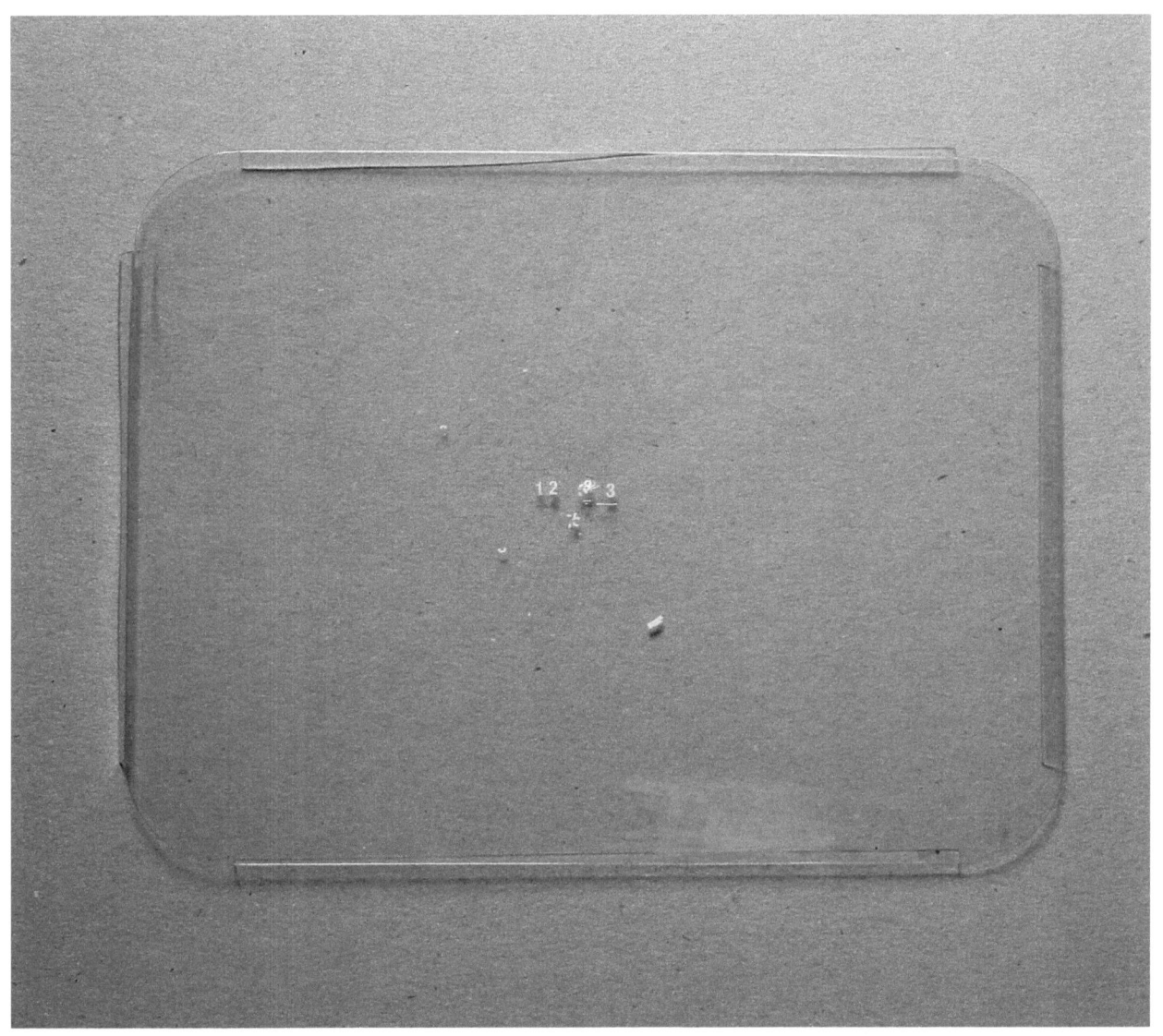

BRUNO NEIVA

PROBLÈMES PRÉLIMINAIRES
MATIÈRE PREMIÈRE
MOT
L'EMPLOI DU TEMPS
DÉRIVE
DU JEU
COMMENT?
PARCE QUE...
GÉNIE
123
C'EST MOI
CONTRE LA
NE JAMAIS PAS PLUS
NOUS/VOUS/PERSONNE
IL
LA BELLE VIE

HOMMAGE À GUY

BRUNO NEIVA

PROBLÈMES PRÉLIMINAIRES
MATIÈRE PREMIÈRE
MOT
L'EMPLOI DU TEMPS
DÉRIVE
DU JEU
COMMENT?
PARCE QUE...
GÉNIE
123
C'EST MOI
CONTRE LA
NE JAMAIS PAS PLUS
NOUS/VOUS/PERSONNE
IL
LA BELLE VIE

HOMMAGE À GUY

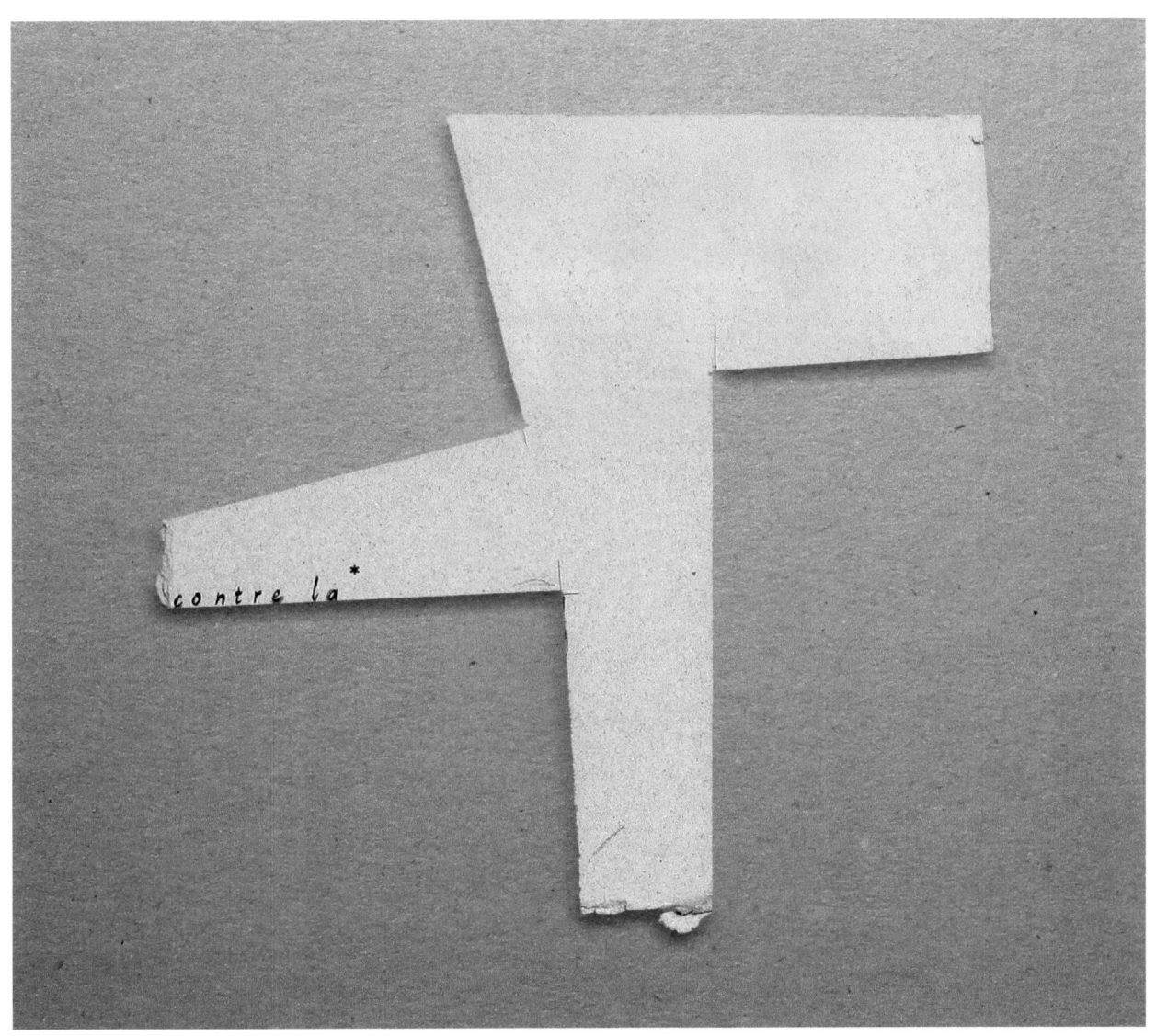

BRUNO NEIVA

PROBLÈMES PRÉLIMINAIRES
MATIÈRE PREMIÈRE
MOT
L'EMPLOI DU TEMPS
DÉRIVE
DU JEU
COMMENT?
PARCE QUE...
GÉNIE
123
C'EST MOI
CONTRE LA
NE JAMAIS PAS PLUS
NOUS/VOUS/PERSONNE
IL
LA BELLE VIE

HOMMAGE À GUY

BRUNO NEIVA

PROBLÈMES PRÉLIMINAIRES
MATIÈRE PREMIÈRE
MOT
L'EMPLOI DU TEMPS
DÉRIVE
DU JEU
COMMENT?
PARCE QUE...
GÉNIE
123
C'EST MOI
CONTRE LA
NE JAMAIS PAS PLUS
NOUS/VOUS/PERSONNE
IL
LA BELLE VIE

HOMMAGE À GUY

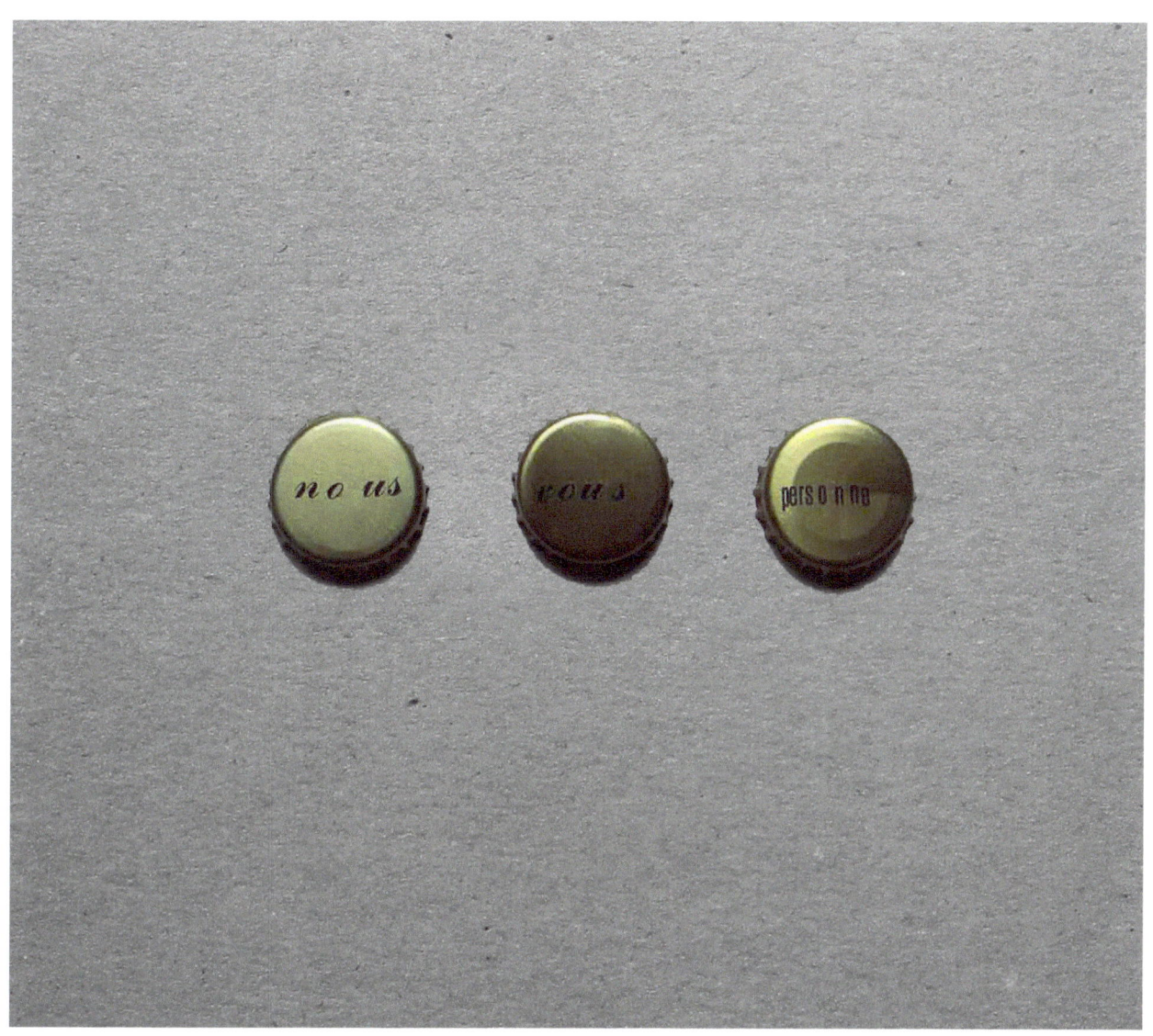

BRUNO NEIVA

PROBLÈMES PRÉLIMINAIRES
MATIÈRE PREMIÈRE
MOT
L'EMPLOI DU TEMPS
DÉRIVE
DU JEU
COMMENT?
PARCE QUE...
GÉNIE
123
C'EST MOI
CONTRE LA
NE JAMAIS PAS PLUS
NOUS/VOUS/PERSONNE
IL
LA BELLE VIE

HOMMAGE À GUY

BRUNO NEIVA

PROBLÈMES PRÉLIMINAIRES
MATIÈRE PREMIÈRE
MOT
L'EMPLOI DU TEMPS
DÉRIVE
DU JEU
COMMENT?
PARCE QUE...
GÉNIE
123
C'EST MOI
CONTRE LA
NE JAMAIS PAS PLUS
NOUS/VOUS/PERSONNE
IL
LA BELLE VIE

HOMMAGE À GUY

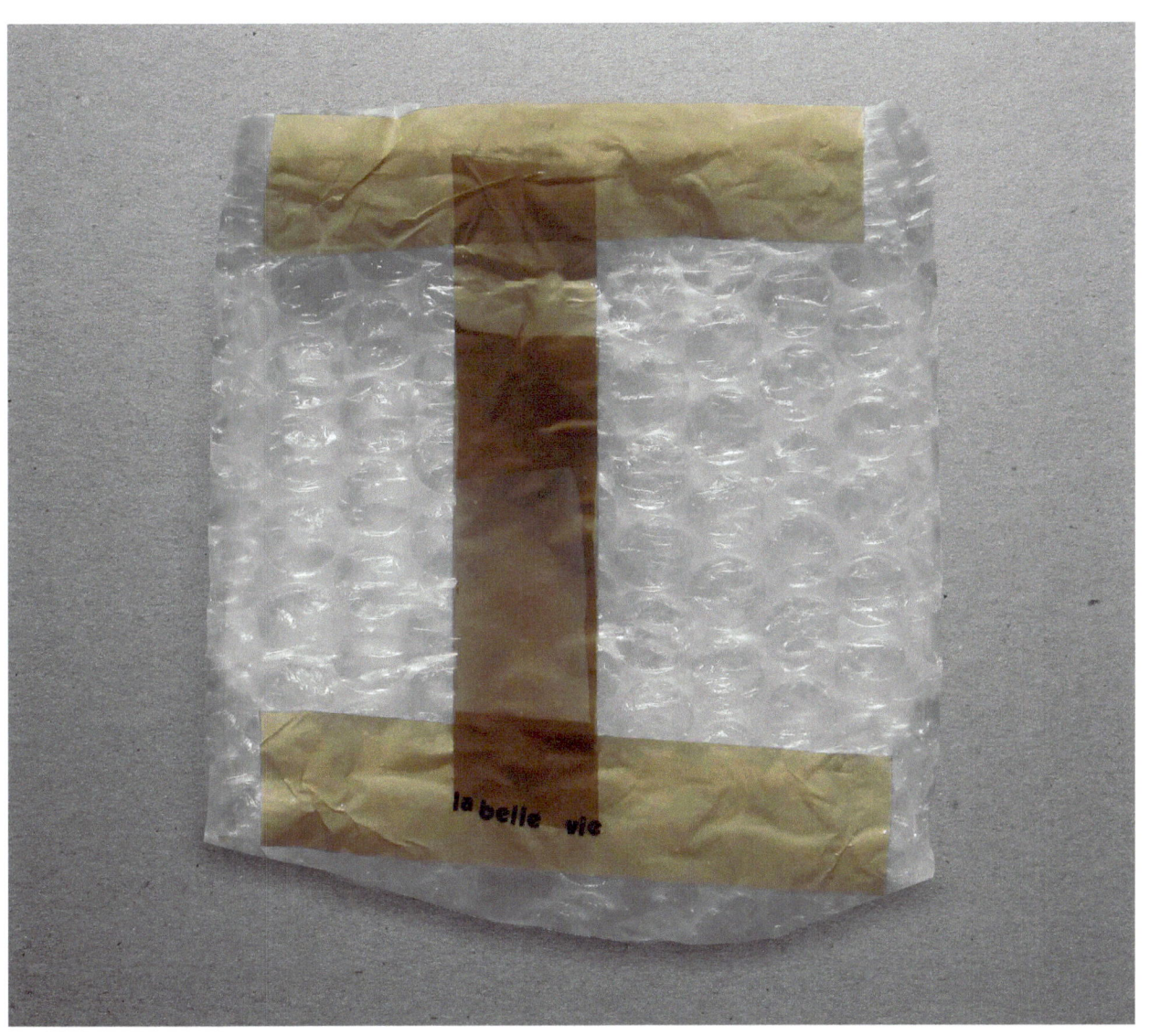

www.ingramcontent.com/pod-product-compliance
Lightning Source LLC
Chambersburg PA
CBHW042022080426
42735CB00003B/135